nur
5,95€
Shampoo
für
Frauen
für
blondes,
langes
und
brüchiges
Haar

CHRISTIAN HABICHT

FRAUEN

CARTOONS

© privat

Christian Habicht,
geboren 1962 in Jena,
ist seit 2006 freiberuflich als Illustrator
und Cartoonist für verschiedene Zeitungen
und Magazine tätig.
Der Vater zweier Töchter gestaltet neben
zahlreichen Hausaufgabenheften auch
Bastelblöcke, Ausmalhefte, Stickerhefte,
Puzzlebücher sowie Schultüten.
Für seine Arbeiten wurde er mehrfach
ausgezeichnet. Zuletzt erschienen von
ihm bei Bild und Heimat
die Cartoonbände *Katzen* (2017),
Hunde (2017) und *Männer* (2018).

CHRISTIAN HABICHT

FRAUEN

CARTOONS

BILD UND HEIMAT

Von Christian Habicht liegen bei Bild und Heimat außerdem vor:

Männer (2018)
Hunde (2017)
Katzen (2017)

ISBN 978-3-95958-172-1

1. Auflage

Gesamtgestaltung: Christian Habicht
Druck und Bindung: Graspo CZ

Ein Verlagsverzeichnis schicken wir Ihnen gern:
BEBUG mbH / Verlag Bild und Heimat
Alexanderstr. 1
10178 Berlin
Tel. 030 / 206 109 – 0

www.bild-und-heimat.de

DA KOCHE ICH SEIT WOCHEN DEIN LIEBLINGSGERICHT, UND PLÖTZLICH SCHMECKT ES DEM HERREN NICHT MEHR

UND WIE BIST DU MIT DEINEM NEUEN MANN AUS ITALIEN ZUFRIEDEN?
SEHR. AB JETZT HEIRATE ICH NUR NOCH ITALIENER

BOSS
DIOR
UND WELCHEN DUFT BEVORZUGT IHR GEMAHL?
GÄNSEBRATEN
CHANEL

MEINE FRESSE, HABEN SIE EIN ABGEFAHRENES PROFIL!

DAS IST DOCH MUTTIS NUMMERNSCHILD

..WENN ICH DIE PRÜFUNG BESTANDEN HABE, KRIEGT MICH KEIN MENSCH MEHR IN EIN AUTO!
FAHRSCHULE

EIGENTLICH BIST DU NUR NETT ZU MIR, WENN DU GELD WILLST
NA UND? IST DAS NICHT OFT GENUG?

WIR GUCKEN JETZT FRAUENTAUSCH, UND DAMIT BASTA!

SCHÖN SIEHT'S JA AUS...

DU WIRST DICH UMGUCKEN, WENN ICH WEG BIN.
GEH NUR, UMGEGUCKT HAB ICH MICH SCHON
Reimund Bitter „Der Ginkgokuss“
Gespräch mit Reimund Bitter über seine Arbeit

HUCH!
TU DOCH NICHT IMMER SO ÜBERRASCHT

ALS ICH SAGTE, GUCKEN SIE IN DEN SPIEGEL, MEINTE ICH NICHT DEN AUS IHRER HANDTASCHE
Fahrschule Höhne

DIE PASSEN!

SIE KÖNNEN KEIN ENGLISCH? UNTERHALTEN SIE SICH DA MIT HÄNDEN UND FÜSSEN?
NEIN. MIT DEN LEUTEN

KOMMT DAS ZEUG NICHT UNTER DIE PLATTEN?

HAST DU DAS AUTO IN DIE GARAGE GEFAHREN?
NA JA, ZUMINDEST DIE WICHTIGSTEN TEILE

IST ZURZEIT ABSOLUT IN
EHRLICH?

HABEN SIE KINDER?
JA, EINEN ZWEIJÄHRIGEN SOHN UND EINE FÜNFJÄHRIGE TOCHTER
Personalchef

HABEN SIE EIN FAHRZEUG?
JA, EIN BOBBY-CAR UND EINEN ROLLER
Personalchef

HOPPLA

SIE SEHEN JA SCHRECKLICH AUS. DAS HEMD PASST DOCH GAR NICHT ZUR HOSE

ICH BIN GESPANNT WAS DEINE ELTERN ZU UNSERER VERLOBUNG SAGEN WERDEN
ACH, DIE FREUEN SICH EIGENTLICH JEDES MAL

IST DEIN MANN AUCH SO SCHLAGFERTIG WIE MEINER?
KEINE AHNUNG, ICH HÖRE IHM SO SELTEN ZU

DEN BUS HABEN WIR NUR WEGEN DEINER BUMMELEI VERPASST
UND WENN DU NICHT SO GERANNT WÄRST, MÜSSTEN WIR NICHT SO LANGE AUF DEN NÄCHSTEN WARTEN

WELCHER SCHOKORIEGEL TRÄGT DEN GLEICHEN NAMEN WIE EIN PLANET?
SNICKERS
0

UND WAS FEHLT IHNEN?
ICH KOMME NUR WEGEN DER KREUZWORT-RÄTSEL

EHRLICH GESAGT, HÄTTE ICH LIEBER EINE TAPETE MIT BLÜMCHEN-MUSTER

GIBT ES NACH 25 JAHREN EHE DENN GAR NICHTS, WAS SIE AN IHREM PARTNER REIZT?
JEDES WORT!

HAST DU EBEN WAS GESAGT?
DAS WAR GESTERN

HAT DAS JUNGE PÄRCHEN NUN ENDLICH BESTELLT?
NEIN. ER ZÄHLT NOCH SEIN GELD UND SIE DIE KALORIEN

WIR LEBEN IN EINER SEHR TOLERANTEN BEZIEHUNG.
MEIN MANN DARF EINMAL IN DER WOCHE MIT SEINEM FREUND AUSGEHEN – ICH AUCH

SUPER, LIEBES, NUR 30 MINUTEN TELEFONIERT. WER WAR DENN DRAN?
KEINE AHNUNG. HATTE SICH VERWÄHLT

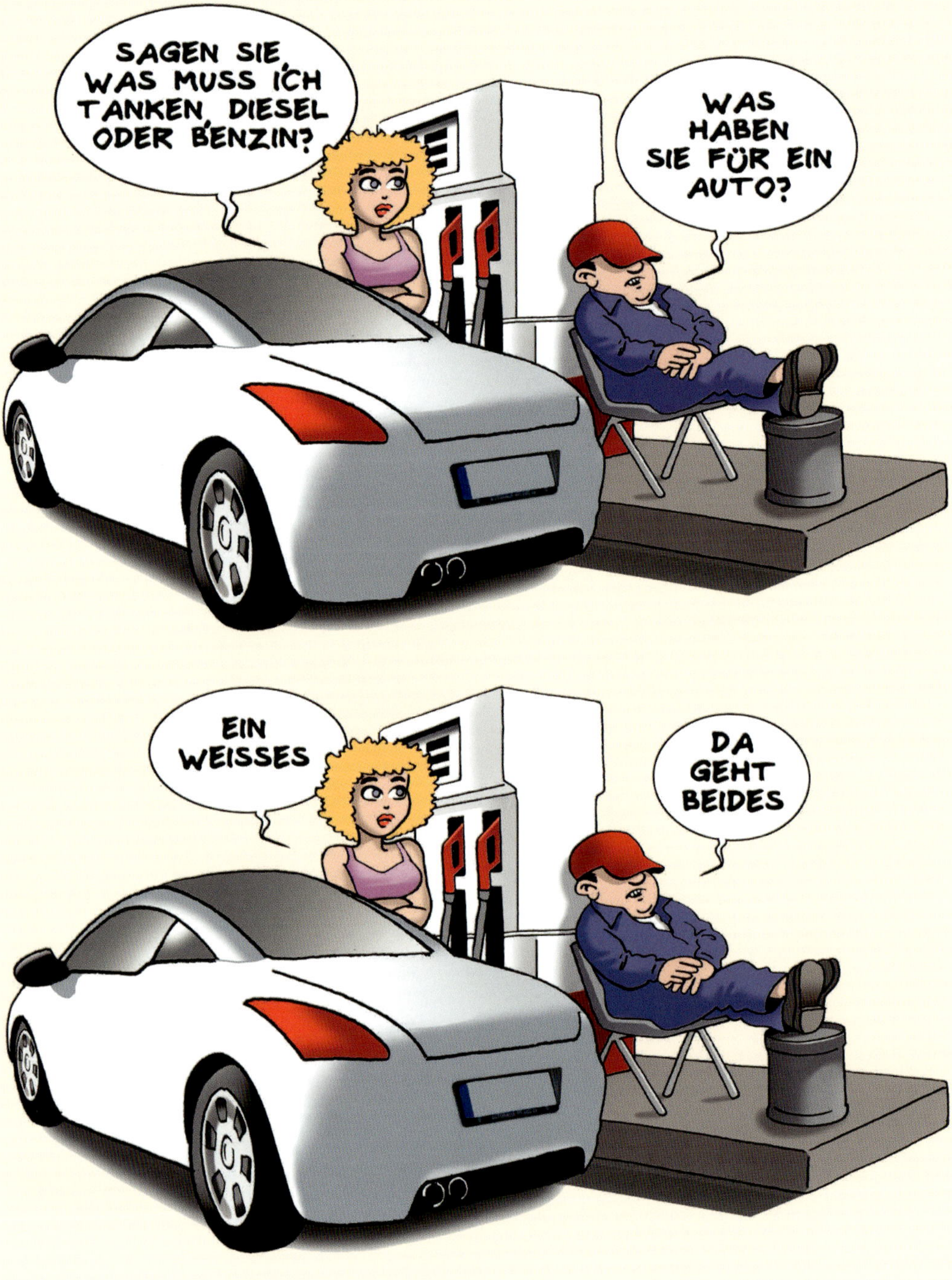
SAGEN SIE, WAS MUSS ICH TANKEN, DIESEL ODER BENZIN?
WAS HABEN SIE FÜR EIN AUTO?
EIN WEISSES
DA GEHT BEIDES

SCHNELL, ES BRENNT, ZIEH DIR WAS AN!
DAS ROTE ODER DAS BLAUE?

HAT IHR MANN BESONDERE KENNZEICHEN?
NOCH NICHT!

BLA BLA BLA BLA BLA BLA BLA BLA BLA BLA BLA BLA BLA BLA BLA BLA
BLA BLA BLA BLA BLA BLA BLA BLA BLA BLA BLA BLA BLA BLA BLA BLA
BRINGEN SIE MIR BITTE EIN WASSER, EIN STILLES

MEIN MANN HAT 50.000 EURO IM LOTTO GEWONNEN
GLÜCKWUNSCH UND WAS MACHST DU MIT DEM GELD?

WIESO SIND SIE DREIMAL IN DASSELBE GESCHÄFT EIN-GEBROCHEN?
ICH HABE EIN KLEID FÜR MEINE FRAU GEKLAUT, UND DANN MUSSTE ICH ES ZWEIMAL UMTAUSCHEN

WENN ICH SAGE, ICH REPARIERE DAS, DANN REPARIERE ICH DAS.
DA MUSST DU MICH NICHT JEDES HALBE JAHR DARAN ERINNERN

MEINE KERAMIK KANN AUCH IN DIE SPÜLMASCHINE
DANKE ABER MEINE SPÜLMASCHINE STEHT NEBEN MIR
THÜRINGER TÖPFERINNUNG

WAS MACHST DU WENN OPA BEIM KARTOFFELNHOLEN DIE KELLERTREPPE RUNTERSTÜRZT UND SICH BEIDE BEINE BRICHT?
NUDELN

MIT EINER FRAU ZU DISKUTIEREN IST WIE AGBs LESEN
JA, MAN VERSTEHT SIE NICHT UND STIMMT ZUM SCHLUSS IMMER ZU

SIE KÖNNEN MIT DER DIÄT WIEDER AUFHÖREN, FRAU MÜLLER

FÜR MICH BITTE DAS TOFUWÜRSTCHEN, ICH BIN VEGETARIERIN
OH, NE BIOTONNE

GUCK MAL, OMA, EIN GLÜCKSSCHWEIN AUS TON. WÄRE DAS NICHT ETWAS FÜR OPA?
DER HAT MICH

DIE MEISTEN UNFÄLLE PASSIEREN IN DER KÜCHE
UND ICH MUSS SIE IMMER ESSEN

WIE SÜSS, THOMAS UND SUSANNE HAND IN HAND
DAS MACHT ER NUR, UM SIE FESTZUHALTEN, DAMIT SIE NICHT EINKAUFEN KANN

IST EIN MAGNET IMMER MÄNNLICH?
JA, WÄRE ER WEIBLICH, WÜSSTE ER JA NIE, WAS ER ANZIEHEN SOLL

*KEIN SCHUHGESCHÄFT, KEINE PARFÜMERIE,
NICHT MAL EIN LADEN FÜR HANDTASCHEN

UND NUN SAGEN SIE MIR, WIE HOCH SIE SICH IHR GEHALT VORSTELLEN. DANN LACHEN WIR HERZLICH DARÜBER, UND DANN SAGE ICH IHNEN, WAS SIE BEKOMMEN WERDEN
Personalchef

BERUFLICH BESCHÄFTIGE ICH MICH MIT DEM WESEN DER FRAU
ICH BEFASSE MICH MIT EINER VIEL LEICHTEREN AUFGABE, MIT DER RELATIVITÄTS-THEORIE

VON
0 AUF 100
IN NUR ZWEI
SEKUNDEN
WIE
MEINE
FRAU
Zu verkaufen

OPA, WO IST EIGENTLICH OMA?
IN DER MORGEN-RESTAURATION

DA OBEN KOMMT SIE AUCH

ALLE MÄNNER SIND SCHWEINE
AUSSER HORST, DER IST JETZT WURSCHT

MEINE FRAU IST EINE TRAUMFRAU
MEINE AUCH, STÄNDIG MÜDE
STAMM TISCH

DIE GANS HABE ICH GERUPFT, DU KANNST SIE JETZT SCHLACHTEN

SIE WOLLTEN DOCH PSYCHOTHERAPEUTIN WERDEN. WIESO STEHT HIER NUN KÖCHIN?
NUN, KÖCHIN KANN ICH SCHREIBEN

HABEN SIE DER PATIENTIN DAS BLUT SCHON ABGENOMMEN?
JA, UND WOHIN DAMIT?

ICH KONNTE NICHT BREMSEN, WEIL SICH EINE EIERLIKÖRFLASCHE UNTER DER BREMSE VERKEILTE

BIN ICH DANN MISS GERMANY?
NOCH EINE OP, UND WIR HABEN ES GESCHAFFT
NEIN, DANN IST MEIN HAUS BEZAHLT

WAS IST DENN? DU HAST DIR DOCH EIN AUTO GEWÜNSCHT
ABER DOCH KEIN GEBRAUCHTES
DG

WAS IST DENN GÜNSTIGER?
BENZIN ODER DIESEL?

SOLL DER VATER DES KINDES BEI DER GEBURT DABEI SEIN?
ICH GLAUBE DAS WÜRDE MEINEM MANN NICHT SEHR GEFALLEN

IHR MANN MEINT, SIE WÜRDEN IHM IMMER INS WORT FA...
STIMMT DOCH GAR NICHT

* Überraschung: Ich habe die elektrische Glühbirne erfunden!

* Na prima, da hat der Herr die Glühbirne erfunden. Und, siehst du hier irgendwo ein Patentamt? Nein, oder? Also kann morgen jeder Depp so ein Ding nachbauen.

* Also, mach das Ding kaputt und jage mir ein Mammut. Ich habe Hunger!

WELCHES PEDAL ENTFÄLLT BEI EINEM WAGEN MIT AUTOMATIK-GETRIEBE?
DAS GASPEDAL
Ruhe! Fahrprüfung
STOP

WIESO WÄRE ES SO SCHÖN, WENN DEINE FRAU HIER WÄRE?
DIE HAT WASSER IN DEN BEINEN

UND, WIE GEFALLEN IHNEN DIE BILDER VON RICHARD GÖPEL?
UNMÖGLICH, ÜBERALL FINGER-ABDRÜCKE AUF DEN RAHMEN.
BOOKW

WER IST DAS?
UNSERE QUOTENFRAU

WOLLEN SIE NICHT ABHEBEN?
NÖ, IST DOCH SOWIESO IMMER NUR FÜR SIE
PIEP

IN IHREM ALTER MUSSTE ICH MICH AUCH IMMER AUSZIEHEN. JETZT BRAUCHE ICH NUR NOCH DIE ZUNGE ZEIGEN

SCHATZ, WO IST DAS ENTEISER-SPRAY?
NA, DA, WO ES HINGEHÖRT, IM AUTO

HALLO, ICH WILL MEINE GASUHR ZURÜCKDREHEN, ABER DA IST KEIN KNOPF

HAST DU AUF DEM WEG NACH ITALIEN DEN BRENNER ÜBERFAHREN?
ÜBERFAHREN HABE ICH EINEN, ABER KEINE AHNUNG, OB DER BRENNER HIESS

WIESO HAST DU DER GARDEROBENFRAU SO VIEL TRINKGELD GEGEBEN?
NA, GUCK DOCH, WAS FÜR EINE SCHICKE JACKE SIE MIR GEGEBEN HAT

UND JETZT IST BEI DER AFFENHITZE AUCH NOCH DIE KLIMAANLAGE AUSGEFALLEN